Inhalt

Männer verführen

Schnapp ihn dir! Mit der perfekten Manipulations- und Kusstechniken angelst du dir jeden!

Angelina Stein

Vorwort:

Welche Frau wünscht sich das nicht? Einen Mann, der ihr zu Füßen liegt und ihr alle Wünsche von den Lippen abliest. Wäre es nicht wunderschön, immer das von einem Mann zu bekommen, was man sich gerade wünscht und unbedingt haben möchte? Oft sehen wir solche Phänomene in Filmen und wünschen uns dieses auch für unser Leben. Doch meist fehlt der richtige Partner an der Seite und der Ausblick auf eine rosige Zukunft mit einem Mann der Träume liegt noch in weiter Ferne. Ich möchte dir hier ein paar Hilfestellungen geben, wie du einen Mann manipulieren kannst, dir ein paar Tipps für das richtige Flirten geben, dich ein wenig in die Blickrichtung begleiten, wie du deinen Mister Richtig bekommst und, wenn es dann endlich geklappt hat, wie du eine Beziehung aufrechterhältst.

Als Frau hat man es oftmals nicht leicht, wenn es um die Findung des perfekten männlichen Partners geht.

Vermutlich jede Frau kennt das Gefühl: Man geht aus, in die Disco oder Bar, und schon entdeckt man im Augenwinkel einen attraktiven Mann oder vielleicht sogar den Jugendschwarm. Auch wenn man sich zu demjenigen hingezogen fühlt, so bleibt es oftmals nur bei der Beobachtung und das aktive Handeln oder Annähern bleibt aus.

Dieses Phänomen ist meistens auf fehlendes Selbstbewusstsein zurückzuführen. Doch wieso und woher kommt dies? Wieso schaffen es die meisten Frauen nicht über ihren Schatten zu springen und den ersten Schritt zu machen? Genau diesem Problem bin ich auf den Grund gegangen.

Ich bin selbst jahrelang erfolglos als Single von Bar zu Bar gezogen, um meinen Traummann zu finden, bis ich eines Tages den Entschluss fasste, etwas ändern zu müssen. Vielleicht liegt es nicht an dem männlichen Geschlecht, sondern an mir selbst?

In diesem Moment wurde mir bewusst: Ich muss mir mein Problem eingestehen und mich darum kümmern.

Genau aus diesem Grund habe ich diesen Dating - Ratgeber für Frauen geschrieben. Jede Frau hat das Recht, glücklich mit dem perfekt zu ihr passenden Mann ihr Leben verbringen zu dürfen.

Ich werde euch die besten Methoden vom ersten Flirt bis zum unwiderstehlichen Küssen beibringen.

Wer das richtige Flirten erlernen will, muss zunächst einen geeigneten Flirtpartner finden und wer weiß - vielleicht sendet der Gegenüber auch bereits Signale aus und du weißt nur noch nicht, wie diese zu deuten sind. Ich erkläre dir, auf welche Signale du besonders Acht geben musst und was seine Körpersprache über sein Flirtverhalten aussagt.

Wenn der erste Schritt geklappt hat und du deinem Gegenüber bereits näher gekommen bist oder vielleicht sogar bereits mit ihm in deiner oder seiner Wohnung gelangt bist, dann wird es erst richtig interessant.

Denn das Küssen wird oftmals leider nur als Mittel zum Zweck gesehen. Sobald es heiß wird, wird dem Rumknutschen nämlich meist keine Beachtung mehr geschenkt.

“Manche Menschen denken, dass der Sex allein so viel Vergnügen bereitet, dass das Küssen nicht mehr wichtig ist.”, sagt Sexologin Krista Bloom, Ph.D., Autorin von *The Ultimate Compatibility Quiz*.

Dies ist sehr schade, denn Küssen während dem Sex kann das Vergnügen deutlich steigern.

“In den Lippen befinden sich Hunderte von Nervenenden, die stimuliert werden wollen.”, sagt Bloom. “Das Küssen vor, während und nach dem Verkehr kann außergewöhnlich erregend und befriedigend sein.”

Jedoch Kuss ist nicht gleich Kuss; der Trick ist es zu wissen, welche Kusstechnik in welchem Moment angewendet werden sollte. Berücksichtige die später folgenden Tipps, um deinen Partner in Ekstase zu küssen.

Es ist nicht nur ein Gerücht, dass ein Kuss in dir eine Gefühlsexplosion auslösen kann oder dich total kalt lässt. Denn bedenke, Küssen ist nicht nur das bloße Aufeinandertreffen von Lippen und Zunge, es gibt viele Variationen und Möglichkeiten wie ein Kuss ablaufen kann.

Der erste Kuss zeigt dir sehr schnell, ob du dich zu dieser Person hingezogen fühlst, ebenso kann er aber auch helfen, eine gerade erst heranwachsende Beziehung zu stärken: es zeigt sich deutlich, ob ihr Liebhaber oder doch nur Freunde seid. Jeder weiß, dass ein Kuss tausend Feuer entfachen oder aber das vorher noch wild lodernde Feuer erlöschen kann.

Kapitel 1:

Wie du Männer manipulierst – Die Anleitung

Der erste Trick, den ich dir mit auf den Weg geben kann, ist, dass du dir jegliche Art von Argumentationen sparst. Jeder verbringt sein Leben damit, immer wieder mit den Argumenten den eigenen Standpunkt zu verteidigen und somit dann endlich das zu bekommen, was wir eigentlich wollen. Doch oft sind diese ganzen Argumentationen im Sand verlaufend. Meist sind diese Diskussionen nichts als sinnlose Zeitverschwendung. So gut die Argumente auch sind, und das ist im privaten Leben sowie in der Politik nicht anders, niemand ändert wegen ein paar Argumenten seine Meinung. Egal, wie sinnig oder sinnlos diese Argumente auch für den Gegenüberstehenden sein mögen. Es gibt viele Menschen, die streiten sich in ihrer Ehe bis zur goldenen Hochzeit über die gleichen Argumente, aber das bringt sie dennoch keinen Schritt weiter. Auch am

Tag ihrer goldenen Hochzeit werden sie dasitzen und über die gleichen Themen argumentieren.
Doch die Konzentration auf diese eine Sache, der Versuch der Argumentation bringt uns nicht weiter. Er ist sogar der sicherste Weg, ein Problem gerade nicht zu behandeln und dafür auch keine Lösung zu bekommen.

Des Weiteren gibt es in der Gesellschaft eine ganz einfache Grundregel. Jeder Mensch funktioniert so, dass wenn er jemanden mag, er ihm auch gerne hilft.
Deswegen ist es wichtig, dass du deine Sympathie einer Person gegenüber steigerst, die du gerne manipulieren möchtest. Wenn dich jemand um etwas bittet, dann beginnt in deinem Gehirn ein automatischer Scanner anzulaufen. Er scannt die Gefühle, die du einer Person gegenüber hast. Dabei ist das wichtigste, ob du dieser Person gegenüber überwiegend positiv oder negativ eingestellt bist.

Jeder Mensch hat mit Argumenten die Möglichkeit auf den Verstand einer jeden Person einzuwirken, aber nur mit Sympathie wirkst du auf den Willen einer anderen Person ein.

Das kannst du dir auch im Job zu Nutze machen. Denn nur wer erfolgreich ist, ist auch sympathisch. Du kannst dir also den Richtigen angeln, indem du ihn mit vielen positiven Dingen überzeugst. Lasse alle deine Sympathie auf ihn einwirken. Sei nett und höflich, auch Männer mögen es gerne einmal ein Kompliment zu bekommen. Umgarne ihn mit all den weiblichen Fügungen, die du besitzt. Auch ein besonderes und positives Äußeres wird sich noch langhaltig in sein Gedächtnis einprägen. Aber auch schon ein bezauberndes Lächeln kann deinem Traummann den Kopf verdrehen und ihm als sympathischer Pluspunkt in Erinnerung bleiben.

Um deinen Traummann in deinen Bann zu ziehen, kannst du auch versuchen, seine Bedürfnisse zu befriedigen. Denn nur, wenn du seine Bedürfnisse kennst und diese auch bedienen kannst, wird euer Zusammenleben auf Dauer glücklich und für dich vorteilhaft verlaufen. Am besten stellst du das an, indem du seine Blumen gießt.

Das hört sich erst einmal komisch an. Aber jeder Mensch ist aufgebaut wie ein Blumenbeet. Die Blumen sind die Bedürfnisse und jeder möchte gerne, dass seine Blumen von jemand anderem gewässert werden, sonst verdorren sie oder es ergibt sich, dass jemand anderes die Chance ergreift und die Blumen beginnt zu wässern. Das ist nicht gut, denn wenn das eine attraktive andere Frau ist, kann es ganz schnell passieren, dass du deinen Traummann leider an eine andere Frau verlierst.

Also schau, was dein Traummann für Bedürfnisse hat und versuche diese zu befriedigen. Das muss nicht nur auf der körperlichen Ebene sein. Männer haben auch durchaus andere Bedürfnisse als Sex. Ich kenne keinen Mann, der nicht gerne von einer Frau bekocht wird.

Wenn du noch mehr Pluspunkte bei ihm sammeln möchtest, frag ihn aus, was er gerne in seiner Kindheit gegessen hat.

Er wird es auch heute immer noch lieben. Frage ihn, wie seine Mutter oder Oma ihm dieses Essen immer serviert hat und was ihre besonderen Kniffe an diesem Gericht waren. Er wird es lieben, wenn du es auch für ihn kochst. Das löst automatisch ein Wohlgefühl bei ihm aus und schöne Kindheitserinnerungen kommen bei ihm hoch. Nutze diese Chance und schaue, was noch seine Bedürfnisse sind. Er hatte einen langen und anstrengenden Arbeitstag?
Lass doch ein Bad für ihn ein. Lasse ihm einfach ein

bisschen Zeit alleine in der Wanne, in der er relaxen kann. Nach einer Weile überraschst du ihn und steigst zu ihm in die Badewanne.
Anschließend kannst du ihm den Nacken oder den Rücken massieren. Nach einer Weile wird er dir schon zeigen, was er will, und du wirst es auch merken. Umso mehr du für ihn tust, umso mehr wird er sich auch für deine Bedürfnisse interessieren. Wenn du ihn fragst wie sein Tag war, wird auch er dich automatisch fragen, wie dein Tag war. Und so bekommst du die Chance, emotional immer näher an ihn heranzurücken. Um Menschen zu erreichen, müssen wir immer herausfinden, was ihr Bedarf ist.

Wenn du den Bedarf deines Traummannes kennst, kannst du ihn decken und hast so wieder freie Hand, um auch indirekte Forderungen an ihn zu stellen. Aber bitte nicht direkt. Denn kein Mann mag es, wenn du ihm sagst, was er zu tun und zu lassen hat. Verkaufe alles, was du willst, immer als einen Vorteil für ihn. Du

möchtest gerne in die Stadt gehen zum Einkaufen? Dein Traummann soll aber mitkommen, damit er dir beim Tragen der schweren Tüten hilft und vielleicht auch das ein oder andere Teil bezahlt?
Das wird er unter diesen Voraussetzungen sicherlich nicht freiwillig tun. Also locke ihn mit Dingen, die auch er in der Stadt toll findet. Mache ihm den Vorschlag in das Elektronikgeschäft zu gehen, in dem er schon lange nach der neuen CD oder dem neuen Smartphone schauen wollte. Ganz kurz kannst du dann ja noch mit ihm einen Abstecher in das Kleidungsgeschäft machen. Wenn er dich in dem hinreißenden Kleid sieht und du ihm vorschlägst, dass du das heute Abend nur für ihn trägst, kann er sicherlich nicht anders als es dir zu kaufen und dir anschließend auch die Tasche nach Hause zu tragen.

Kennst du eigentlich schon das Ähnlichkeitsprinzip? Nein? Dann wird es dafür aber mal höchste Zeit. Das Ähnlichkeitsprinzip stammt aus der Psychologie. In vielen verschiedenen Experimenten wurde seine Wirksamkeit auch bewiesen. Es geht darum, dass unser Gehirn alles mag, was ihm vertraut und bekannt ist. Das erleichtert ihm seine Arbeit und macht die Verarbeitung von Daten und Vorgängen für ihn einfacher und flüssiger. Das macht uns automatisch glücklich. Und wir möchten immer Dinge für Menschen tun, die uns glücklich machen. Studien haben sogar herausgefunden, dass wir lieber und öfter Menschen helfen, die zum Beispiel die gleichen Gesichtszüge haben wie wir.

Es gibt einen einfachen Trick, um herauszufinden, was du für optische Ähnlichkeiten mit deinem Traummann hast.

Du kannst dein Foto mit einem Fotoprogramm auf dem PC öffnen. Wenn du nun ein Foto des Mannes deiner Träume öffnest und über deines legst, kannst du viele gemeinsame Merkmale erkennen und diese dann auch, zum Beispiel durch Make-Up hervorheben.

Solltest du nicht so viele äußerliche Gemeinsamkeiten erkennen, dann schaue, ob du innerliche Gemeinsamkeiten erkennen kannst. Macht er Musik oder interessiert sich für eine bestimmte Musikrichtung, dann interessiere dich auch dafür.

Das funktioniert übrigens auch sehr gut mit banalen Dingen wie Handbewegungen oder Haltungen des Körpers. Sprich, wenn er den Kopf nach links neigt und dann herzhaft über einen Witz lacht, dann spiegele dieses Verhalten und mache die gleichen Bewegungen wie er.

Achte aber bitte darauf, dass sie sehr unauffällig und dezent sind. Du willst ihn ja nicht nachäffen und auch nicht den Anschein bei ihm vermitteln, dass du das tun würdest.

Der Effekt der bloßen Darstellung wird auch oftmals unterschätzt, ist aber durch viele Studien und

Experimente bewiesen worden. Der Effekt sagt aus, dass man jemanden sympathischer findet, je öfter man ihn nur sieht. Sprich, tauch immer dort auf, wo dein Traummann sich auch aufhält. Er geht einem Hobby in einem Fitnessstudio oder Sportverein nach? Dann melde dich doch auch dort an.

Das ist der beste Weg, ihn immer zu sehen und deine Sympathiepunkte bei ihm zu steigern. Jedes Treffen ist nützlich, auch wenn es nicht mit einem großen inhaltlichen Aspekt verbunden ist.

Auch wenn du mit ihm keine Worte wechselst, ist deine bloße Anwesenheit, dass er dich sieht, schon wichtig.

Es verbindet euch und sorgt bei ihm für eine größere Vertrautheit und in einem wichtigen, entscheidenden Moment werden sich all die Stunden, die du einfach nur in seiner Nähe verbracht hast, auszahlen.

Dann gibt es da noch den Benjamin-Franklin-Effekt. Schon der amerikanische Staatsmann wusste, wie man Menschen zu seinen eigenen Vorteilen um den Finger wickeln kann. Und du kannst von ihm lernen. Dein Traummann wird dich nicht nur mögen, weil du ihm einen Gefallen getan hast, sondern auch, wenn du ihn erfolgreich um einen Gefallen gebeten hast. Das bedeutet, wenn dir jemand einen kleinen Gefallen getan hat, wird er dir auch einen größeren Gefallen tun. In vielen Experimenten wurde auch dieses Phänomen nachgewiesen. Wenn uns jemand einen Gefallen tut, dann mag uns diese Person hinterher noch mehr als vorher. Das liegt daran, dass unser Gehirn immer bemüht ist, unser Denken und unser Handeln im Einklang zu halten.

Das Gehirn ist so gepolt, dass es weiß, dass man nur den Menschen einen Gefallen tut, die man auch wirklich mag. Das Resultat ist, wenn du einer Person einen Gefallen tust, schließt dein Gehirn automatisch daraus, dass du denjenigen auch sehr mögen musst. Und weil du diese Person ja sehr gerne magst, beschließt dein Gehirn, dass du ihm auch immer wieder einen Gefallen tun wirst. Dein Auto springt nicht an? Bitte ihn mal kurz danach zu sehen. Oder noch besser, vielleicht nimmt er dich auch bis zur nächsten Bushaltestelle mit oder bringt dich gleich auf dem Weg kurz nach Hause.
Dir zuckt „ganz zufällig“ dein Augenlied und „ganz zufällig“ fühlt es sich so an, als hättest du etwas im Auge? Bitte ihn doch mal hineinzusehen. Ganz automatisch eröffnet das auch euren ersten engen Blickkontakt miteinander. Er hat auf die letzte Party so einen wunderbaren Sekt mitgebracht?
Bitte ihn um den Gefallen, dass er dir noch einmal die Marke des Sektes nennt, damit du ihn dir nachkaufen kannst. Er war so unglaublich lecker.

Dir werden viele kleine Dinge einfallen, bei dem du ihn um einen Gefallen bitten kannst.
Und, wie oben schon beschrieben, hast du erst einmal den Fuß in der Tür, gibt es nach oben auch kein Ende. Aber steigere deine „kleinen Gefallen" langsam. Nicht dass er den Eindruck bekommt, dass du ihn ausnutzen würdest. Mache zwischen den Gefallen immer wieder kleine Pausen und bedanke dich bei ihm. Egal was er auch für dich macht, bedanke dich immer. Er ist schließlich in diesem Moment der Prinz auf dem weißen Pferd, der dir zur Hilfe eilt. Lasse ihn das auch spüren.

Suche dir von diesen Beispielen ein paar heraus. Es wird sicherlich einige Dinge geben, mit denen du dich nicht gleich vertraut machen kannst. Das ist aber auch nicht so wild. Fange langsam an, und steigere dich dann immer weiter. Du wirst sehen, wie einfach es ist und wie schnell du ihn dir um den Finger gewickelt hast. Und mit ein bisschen Muße und Fleiß steht dir und deinem Traummann auch bald nichts mehr im Wege.

Die Flirttipps – oder – wie du ihm den Kopf verdrehst

Frauen sind logisch denkende Wesen. Männer sind da eher anders gestrickt. Deswegen lautet mein erster Tipp, dass du, liebe Frau, in der ersten Situation einfach mal dein Denktempo drosselst. Ich habe es so oft erlebt, dass Frauen sich, bevor sie überhaupt einen Mann angesprochen haben, schon vorher unglaublich den Kopf zerbrochen haben. Hör einfach auf mit dem Denken. Mach dir nicht jetzt schon Gedanken darüber, ob er der Vater deiner Kinder wird, ob er heute Nacht im Bett alles richtig macht oder ob er dich überhaupt attraktiv findet. Dafür wird es in deinem Kopf sowieso keine Antwort geben. Du musst es herausfinden, und zwar praktisch. Stopp deine Gedanken und geh einfach drauf los.

Und dann kommen wir auch gleich zu dem zweiten Tipp. Es ist an dieser Stelle eigentlich völlig egal, was du sagst. Es sind immer nur die Frauen, die sich über Männer mit plumpen Anmachsprüchen aufregen. Aber glaub mir, das wird diesen Mann nicht weiter stören. Also stell ihm einfach ein paar nette Kennenlernfragen, mach ihm ein Kompliment, frag ihn, welchen Drink er empfehlen kann, verwechsle ihn „rein zufällig“ mit einem alten Bekannten, ... Es spielt wirklich keine Rolle, was du sagst - Hauptsache, du sagst überhaupt etwas.

Wenn du jemanden im Netz kennengelernt hast, kannst du natürlich auch hier flirten. Was du hier allerdings mit Vorsicht genießen solltest, sind Sarkasmus und Ironie. Wenn du jemanden noch nie getroffen hast und ihn noch gar nicht kennst, kannst du nicht einschätzen, ob er das nun versteht. Auch Emojis sollten hier sparsam verwendet werden. Humor ist im realen Leben leichter zu vermitteln als im anonymen Netz.

Schau, dass du deine Aussagen präzise triffst. Du kannst auch ein bisschen mit ihm spielen und nicht sofort in die Vollen gehen. Baue zwischen euch einen Spannungsbogen auf. Das macht es interessanter und vermittelt ihm, dass er am Ball bleiben soll. Im Netz tummeln sich sehr viele Flirtwillige. Aber meist scheitert es schon daran, dass man miteinander die „harten Fakten“ geklärt hat. Dann bleibt meist nichts mehr übrig und der Kontakt wird langweilig und schläft ein. Das kannst du somit verhindern.

Als Frau hast du sicherlich auch ein sehr großes Mitteilungsbedürfnis. Gerade bei einem Date ist man sehr aufgeregt. Viele Frauen versuchen das zu kompensieren, indem sie viel reden. Du solltest aber unbedingt darauf achten, dass du keinen Monolog führst und deinen Partner auch mal zu Wort kommen lässt.

Führe ein aktives Gespräch, in dem sich die Gesprächspartner als gleichwertige Teile ansehen und sich die Bälle immer wieder zu werfen. Achte auch darauf, dass du nicht zu viel von dir erzählst. Lasse ihn auch zu Wort kommen und frage ihn nach seiner Meinung.

Falls du dir für das Gespräch ein paar Punkte zu Recht gelegt hast, schaue auf jeden Fall, dass es nicht so wirkt, als würdest du nur einen Katalog abarbeiten. Es gibt nichts Schlimmeres als eine Nummer zu sein und auf der Liste Punkt für Punkt abgehakt zu werden. Suche dir deine Gesprächsthemen einfach nach dem derzeitigen Moment aus. Was immer gut geht, ist Essen, Reisen und Musik.

Liebe Frau, denk bitte bei deinen Flirteroberungen auch daran, dass die Männer schüchterner sind als sie scheinen. Eine Studie hat gezeigt, dass nur jeder dritte Mann sich traut, die Frau anzusprechen, die ihm gefällt.

Der Mann ist nicht gleich Macho.

Wenn du Interesse an einem Mann hast, dann mache ihn auch darauf aufmerksam. Spiele mit deinen Reizen und versuche in deiner persönlichen „Flirtsprache“, ihn an zu machen. Du kannst ihm aufmerksame Blicke zu werfen, ihn nett anlächeln, mit deinen Haaren spielen, immer wieder den Blickkontakt suchen und ihm auch gerne mal zuzwinkern. Deutlicher geht es dann ja schon fast nicht mehr.
So machst du ihm klar, dass du Interesse an ihm hast und von ihm erobert werden möchtest.
Du gibst quasi den Auftakt, damit er mit dir flirten kann. Du hast den ersten Schritt gemacht, überlässt aber deinem Traummann die Initiative und gibst ihm somit das Gefühl, er sei der aktive Part.

Auch wenn dein Traummann sich freut, dass du den ersten Schritt gemacht hast, sollte er am Ende das Gefühl haben, dass er dich erobert hat. Schaue, wie viel

Offensive dein Gegenüber verträgt und plane danach deinen ersten Schritt.

Welcher Flirt – Typ bin ich?

Eine Studie hat hervorgebracht, dass es fünf unterschiedliche Flirt-Typen gibt. Dazu wurden 1000 Teilnehmer untersucht und ihr Flirtverhalten analysiert.

Der erste Typ ist der Physische:

Er setzt ganz viel auf die Körpersprache und signalisiert seinem Gegenüber auch ein sexuelles Interesse. Hier wird nicht lange geredet. Es geht gleich zur Sache. Dieser Flirt-Typ landet mit seiner Eroberung schnell im Bett. Auch die Chemie zwischen dir und deinem Traummann ist in dem Physischen Typen sehr stark ausgeprägt. Ihr harmoniert in eurer sexuellen Leidenschaft sehr gut miteinander.

Doch, so schnell die Flamme an war, ist sie auch meist wieder aus. Die Flirts der physikalischen Typen sind meist nur One-Night-Stands oder kurze Affären, aber leider nichts zum Heiraten und für die Ewigkeit in Stein gemeißelt.

Der zweite Typ ist der Spielerische:

Er flirtet sehr gerne mit dir, ihm geht es dabei aber nicht um eine weitere Zukunft. Hier geht es einfach nur darum, Spaß und Spiel beim Flirten zu haben und dieses auch auf der Jagd auszukosten. Der verspielte Typ nutzt den Flirt, um das eigene Selbstwertgefühl zu steigern und seinen Marktwert immer wieder abzuchecken. Dieser Flirt-Typ möchte einfach nur den Moment genießen. Ihm ist es egal, was morgen ist. Das Hier und Jetzt zählt. Alles kann, nichts muss. Dieser Typ ist auch nicht wirklich einer für längere Beziehungen. Denn er möchte immer wieder seinen Marktwert checken. Er ist sprunghaft und legt sich selten gerne auf eines fest. Denn ihm macht das Spielen Spaß.

Der dritte Typ ist der Gentleman:

Er ist der Höfliche und kennt die Knigge aus dem ff. Er hat den sehnlichen Wusch nach einer langen und ernsthaften, romantischen Beziehung. Eine kleine Affäre oder gar ein One-Night-Stand würde für ihn erst gar nicht in Frage kommen. Er ist der Liebling der Schwiegermütter und kann sich auch in die Familie des Partners wunderbar integrieren. Er ist extrem höflich und auf das Wohl seines Gegenübers bedacht. Er ist gar nicht der Typ für plumpe Anmachsprüche. Er drückt sich sehr gewählt aus. Er überzeugt mit Talent und Charme und erobert dein Herz erst nach ein paar Dates.

Der vierte Typ ist der Ernsthafte:

Es gibt nicht viele Unterscheidungspunkte zu dem Gentleman. Auch er ist extrem höflich und weiß seinen Gegenüber sehr zu schätzen. Er bekundet bei seinen Annährungen immer wieder, dass es ihm sehr wichtig ist, ein ernstes Interesse auszuüben und eine emotionale Bindung aufzubauen. Auch ihm ist sehr viel an der Zukunftsplanung gelegen. Eine kurze Affäre oder gar ein One-Night-Stand würde für ihn auch nicht in Frage kommen. Generell ist ihm die zwischenmenschliche Gefühlsebene viel wichtiger als der sexuelle Aspekt einer Zusammenkunft.

Der fünfte Typ ist der Traditionelle:

Er ist geprägt vom ganz klassischen Klischeebild zwischen Mann und Frau. Der Mann muss den ersten Schritt machen, der Mann ist der Ernährer der Familie, die Frau ist für den Haushalt und die Kinder verantwortlich. Meistens kennen sich die potenziellen Partner dieses Typs schon eine ganze Weile, bevor zwischen ihnen mehr entsteht.

Für dich sollte es wichtig sein, dass du im ersten Schritt deinen eigenen Flirttypen herausfindest. Du solltest wissen, was du möchtest, und welcher Typ du bist. Nur so kannst du auch herausfinden, welcher perfekte Flirt-

Partner zu dir passt. Denn wenn du jemand bist, der den Gentleman oder den ernsthaften Typen bevorzugst, wirst du nur enttäuscht sein, wenn du an einen Physischen gerätst. Genauso ist es aber auch im Umkehrschluss. Mache dir klar, ob dein Flirt in einem 100. oder einer kleinen Affäre enden soll, oder ob du den Mann, den du jetzt gerade kennen lernen möchtest, für längere Zeit oder auch für immer in deinem Leben haben möchtest. Danach solltest du den Flirt-Typen deines Gegenübers entlarven und herausfinden, ob ihr beide in eurem Flirt-Stil harmoniert.

So eroberst du ihn – Schritt für Schritt

Schmeiß deine Schüchternheit über Bord – Jetzt geht es los!! Hier kommt der ultimative Plan, wie du garantiert in seinem Herzen landest!

Noch eine ganz kleine Sache kurz vor weg. Ohne, dass du dich selbst liebst, dir treu bist und dir vertraust, kannst du diese Dinge auch von niemand anderem verlangen. Verstelle dich niemals für jemanden. Bleib dir immer treu, egal was passiert. Denn dein Charakter macht dich zudem, was du bist, und das sollte dein Traummann auch an dir gut finden und an dir lieben. Tut er das nicht, ist er es auch leider nicht wert, dass du es für ihn änderst. Du bist die Schönste und Tollste! Und wenn er das nicht sieht, dann hat er Pech gehabt. Es gibt da draußen deinen Traummann, der alle deine wunderbaren Seiten sieht und sie auch restlos zu schätzen weiß.

Der Beginn:

Du hast ihn gesehen und bekommst ihn nicht mehr aus dem Kopf. Also, ran an den Speck. Informiere dich über ihn und versuche, immer wieder rein „zufällig“ auch dort zu sein, wo er gerade ist. Er arbeitet in einem Geschäft, dann lege deinen Einkauf dort hin. Er spielt immer mittwochabends Fußball, dann tauche immer wieder dort ganz zufällig am Spielfeldrand auf und feuere seine Mannschaft an.

Wenn du dich über ihn informierst, dann schau, ob er gerade auch Single ist. So kannst du einem Streit mit seiner Freundin aus dem Weg gehen. Denn wenn sie mitbekommt, dass auch du Interesse an ihrem Freund hast, könnte das unschön enden.

Du kannst dich auch mit seinen Freunden unterhalten. Das sollte allerdings nicht den Anschein erwecken, dass du ihn eifersüchtig machen willst. Nein, ganz im Gegenteil. Du vermittelst ihm, dass man auch als Mann mit dir Spaß haben kann.

Und dann der magische Moment, suche immer wieder den Augenkontakt, lächle ihn an und flirte mit ihm. Aber bitte nicht anstarren. Das könnte bei ihm Missverständnisse auslösen und ihn einschüchtern.

Das ist der erste Schritt. Nun gilt es, dass du nicht nachlässig wirst. Du solltest auf keinen Fall deine Freundin vorschicken, um die ersten Bande mit ihm zu knüpfen. Das kommt bei Männern nicht gut an und stellt dich auch nicht gerade als selbstbewusste Frau dar. Mach den Schritt in die Offensive. Wenn er dich nicht nach einem Date gefragt hat, dann mach es selbst.

Wenn es dann endlich so weit ist und ihr euch das erste Mal so richtig offiziell zu einem Date verabredet habt, dann sei so authentisch wie möglich. Verstell dich nicht. Nicht in deinem Auftreten, nicht in deinem Aussehen und auch nicht in der Persönlichkeit.

Auch wenn es oft heißt, dass das konventionelle erste Date immer ein romantischer Gang ins Restaurant oder der berühmte Kino-Besuch ist, kannst du auch ganz andere Dinge bei eurem ersten Date planen. Wie wäre es mit einem Picknick am See oder einem Spaziergang im Park? Für das erste Date gibt es so viele spannende Lokationen. Lass dir was einfallen und sei mal unkonventionell.

Vermittle ihm bei eurem ersten Treffen, dass du etwas Besonderes für ihn bist. Du bist einzigartig und toll. Das soll er auch merken, aber du solltest dabei nicht zu egoistisch und selbstverliebt vorgehen. Er soll einfach nur merken, dass du keine Frau wie jede andere bist.

Euer erstes Date ist super verlaufen und du kannst es gar nicht abwarten, bis ihr euch endlich wiederseht? Nicht so schnell! Wecke seien Jagdinstinkt. Mach dich rar. Das ist nicht, dass du ein Spielchen mit ihm spielst, aber die meisten Männer brauchen dieses gewisse

Feeling, dass sie dich erobert haben und du nun ihre „Trophäe“ bist. So schlimm das auch für dich in der ersten Zeit sein mag. Aber es wird dir helfen, denn genau das macht dich interessant.

Ihr textet ab und zu oder telefoniert mal miteinander? Dann mache ihm immer mal wieder zwischendurch ein Kompliment. Egal was für ein Thema ihr auch gerade am Gange habt, es gibt immer irgendwas von dem du begeistert bist oder was dich an ihm so erstaunt. Zeig, was du magst und mache immer wieder kleine Komplimente. Männer mögen das. Aber sei damit nicht zu aufdringlich. Finde für dich die richtige Dosis.

Im nächsten Schritt wird es nun langsam ernst mit euch beiden. Du hast dich ihm angenähert und er hat deine Annäherungen erwidert. Nun ist es an der Zeit, ihm auch körperlich näher zu kommen.

Du kannst ihn bei der Begrüßung oder Verabschiedung ganz beiläufig umarmen oder ihm auch schon mal ein Küsschen auf die Wange drücken.

Auch im Gespräch kannst du immer wieder den Körperkontakt zu ihm suchen. Berühre seinen Arm immer mal wieder „ganz beiläufig“ oder streiche mit dem Fuß sein Bein. Das bringt euch schnell näher.

Das waren die ersten Schritte, wie du ihn erobern kannst. Sicher fallen dir zu dem ein oder anderen Schritt auch noch viele Dinge ein, die du ergänzen kannst.

Selbstverständlich ist ja hier auch, dass er sich nicht nur für sich selbst interessiert. Bei aller Schwärmerei vergiss nicht, dass sein Interesse an dir auch ehrlich sein soll. Wenn das nicht der Fall ist, dann überlege dir gut, ob das überhaupt für dich eine weitere Bemühung wert ist.

So hält deine Beziehung für immer

Ihr habt es geschafft, und seid nun endlich zusammen. Der Mann deiner Träume ist nun fester Bestandteil deines Lebens geworden und das soll auch für den Rest so bleiben? Dann erfährst du hier, wie du deine Beziehung mit ein paar Kniffen und Tricks langlebig und solide für den Rest eures Lebens machst.

Auch wenn ihr nun zusammen seid, sollte jeder von euch eigenständig bleiben. Jeder ist ein eigenständiges Individuum. Du musst dein wahres „Ich“ zeigen und dich nicht verstellen. Nur das schafft eine tiefe Verbundenheit. Wer sich für seinen Partner verstellt, nur damit der mit einem zusammen ist, führt keine echte Beziehung. Niemand kann diese Maskerade ein Leben lang aufrechterhalten. Früher oder später wirst du an einen Punkt kommen, an dem du dich nach deiner eigenen Authentizität sehnst. Und das wird dein Partner dann nicht verstehen. Es kommt unweigerlich zu einer Trennung und das möchtest du ja gerade vermeiden. Also bleib immer so, wie du bist. Denn niemand anderes sollte dein Partner lieben. Jeder Fake fliegt irgendwann auf, jede Lüge, so klein sie auch sein mag, wird entlarvt und die Beziehungsprobleme bahnen sich damit ihrem unaufhaltsamen Weg.

Eine wunderbare Kommunikationstheorie von Paul Watzlawick sagt aus, dass wir, egal was wir tun, nicht nicht kommunizieren können. Egal was wir also tun, wir kommunizieren mit unserem Gegenüber. Verbal oder auch nonverbal. Und das ist auch sehr wichtig. Für eine Partnerschaft ist es essentiell, dass beide Partner miteinander sprechen. Aber auch Diskussionen und Streit können eine Beziehung am Leben halten und sie voranbringen.

Du solltest mit deinem Partner auch über deine Träume, Wünsche und Ziele sprechen, denn so geht ihr in Einklang miteinander und könnt herausfinden, ob ihr in dieselbe Richtung geht oder nur noch nebeneinander her lebt. Auch mit der Körperhaltung, Mimik und Gestik kannst du mit deinem Partner viel kommunizieren. Vor der Brust verschränkte Arme setzen eindeutig ein Zeichen der Abwehr. Offene Arme und ein lächelnder Mund wirken hingegen einladend und wohlwollend auf den Partner.

In einer Beziehung sollten beide Seiten immer ausgewogen sein. Aber es kann auch mal passieren, dass der eine mehr gibt als der andere und die Waage ein bisschen aus dem Gleichgewicht fällt. Das sollte in einer Beziehung aber kein Problem sein. Denn wenn die Beziehung glücklich ist, kann man für den anderen auch mal ein bisschen mehr geben, ohne dafür irgendwelche Bedingungen zu stellen. Mit der Zeit wird sich die Waage des Nehmens und Gebens von alleine wieder ausgleichen.

Nutze die Zeit, die du mit deinem Partner hast, aktiv und seid immer beide geistig anwesend. Niemand hat die Möglichkeit, rund um die Uhr, zu jedem Tag mit seinem Partner zusammen zu sein. Das ist aber auch gut so. Jeder sollte nur die Zeit, die man miteinander hat, positiv nutzen.

Sich nicht von anderen Dingen ablenken lassen und vielleicht auch einfach mal das Smartphone beiseitelegen. Denn die Zeit, die man zusammen hat, ist so wahnsinnig kostbar, dass man davon jede Sekunde ausnutzen sollte. Denn niemandem bringt es etwas, wenn der andere nur halbherzig zuhört und von der Unterhaltung nichts mitbekommt.

Auch gemeinsame Visionen und Ansichten sind in einer Beziehung wichtig. Der gleiche Lebensstil muss es nicht unbedingt sein, aber sie Grundzüge sollten schon miteinander harmonieren.

Beispielsweise in der Familien- oder Karriereplanung solltet ihr die gleichen Vorstellungen haben.

Die Beziehung soll euch vor allen Dingen Spaß machen. Es ist wichtig, dass es nicht nur harte Arbeit für euch bedeutet, sondern dass ihr auch miteinander lachen könnt und die schönen Dinge des Lebens genießt. Das hält die Beziehung jung und frisch.

Seid dankbar für die kleinen Dinge und die Liebe zueinander. Eine glückliche Beziehung ist etwas ganz besonderes und das solltest du auch schätzen. Danke deinem Partner, dass er an deiner Seite ist und sage ihm immer mal wieder, wie sehr du ihn eigentlich liebst. Das hält euch zusammen und eure Liebe zueinander jung und knackig.

Auch Streicheleinheiten und körperliche Nähe gehören zu einer guten und harmonischen Beziehung dazu.

Auch nach einer jahrelangen Beziehung ist es wichtig, dass du nicht als Einzelgänger neben deinem Partner Herr lebst, sondern ihr auch ein körperliches Liebesleben führt.

In einer Beziehung gibt es immer wieder zwei Menschen. Es dreht sich in dieser Beziehung nicht alles nur um den einen, sondern man muss immer wieder Kompromisse mit der anderen Person eingehen. Du kannst nicht mehr egoistisch denken und nur für dich planen. Es handelt sich immer um ein Teamspiel. Für eine Beziehung mit Zukunft müssen beide Partner immer wieder Dinge miteinander besprechen, ihre Entscheidungen gemeinsam treffen und zusammen ihre Ziele und Visionen vereinbaren, an einem Strang ziehen.

In einer Beziehung passieren auch immer wieder Missgeschicke und Streitigkeiten. Niemand ist perfekt und Menschen machen Fehler. Manchmal passiert es, dass der eine den anderen verletzt oder ihm, ohne darüber nachzudenken, wehtut. Das ist sehr schmerzhaft, aber es kommt immer wieder darauf an, wie jeder von euch in der Beziehung damit umgeht. Wenn du mit deinem Traummann für immer zusammenbleiben möchtest, gilt es in guten und in schlechten Zeiten zusammen zu gehören. Um das ermöglichen zu können, gilt es dem anderen immer wieder zu verzeihen. Es ist ein Schritt, den Streit wirklich zu vergeben und die Sache nicht wieder bei der nächsten Streitigkeit auf zu wärmen. Denn wer liebt, kann immer wieder verzeihen.

Kapitel 2:

Der perfekte Kuss

Während eines Kusses werden biologische Informationen untereinander ausgetauscht – hieraus resultiert die Möglichkeit, dass Frauen unbewusst über Pheromone genetische Informationen aufnehmen und dadurch Ihre Entscheidungen beeinflusst werden.

In einer wegweisenden Studie der Universität Lausanne im Jahre 2000 fand Clausewitz Wedekind heraus, dass Frauen den Geruch von Männern bevorzugen, deren MHC - Gene verschieden zu den eigenen sind – dies geschieht, um Nachkommen mit einem starken Immunsystem zu garantieren. Aus dieser Perspektive gesehen ist Küssen ein sich gegenseitiges Ausschnüffeln.

Doch dies ist nicht alles: Gemäß einer Studie von 2014, stimmen die Gehirnaktivitäten eines sich küssenden

Paares überein. Tatsächlich ist es hierbei so, dass der Grad der Synchronisierung abhängig von der selbstempfundenen Qualität des Kusses ist.

Selbst innerhalb von Gesellschaften, in denen der Kuss auf die Lippen nicht üblich ist, haben diese oft eine ähnliche Form des sich aus der Nähe Beschnüffelns entwickelt.

Rafael Wlodarski, von der University of Oxford weist darauf hin:

> „Fast alle Kulturen praktizieren während des Flirts ein dem Küssen analoges Verhalten, dieses beinhaltet das sich deutliche Annähern der Gesichter, sowie unter Umständen lecken, beißen, reiben oder lediglich schnüffeln."

Die Allgegenwärtigkeit des sich gegenseitigen romantischen Beschnüffelns legt nahe, dass dies einem evolutionären Zweck dient. Jedoch hat die Forschung noch nicht herausfinden können, worin der Sinn genau liegt. Dies wäre besonders interessant, da das Schnüffeln im Küssen mündet.

Seit Jahrzehnten geht die Forschung davon aus, dass die Evolution den Menschen an das Küssen bindet. In den 1960er unterstellte der Britische Zoologe Desmond Morris, dass das Küssen aus der tierischen Praktik heraus entstanden sein könnte, das Futter für die Nachkommen im eigenen Mund vorzukauen und dann mit der Zunge in den Mund des Babys zu schieben.

Andere Annahmen gehen davon aus, dass die Vorlage für den menschlichen Kuss im Saugen eines Babys an der Mutterbrust zu finden sei. Doch wenn dies wirklich hieraus resultiert, warum küssen Freunde in Frankreich einander auf die Wange anstatt die Nippel?

Es gibt viele Möglichkeiten für Paare ihre

Gehirnaktivitäten aufeinander abzustimmen und genetische Informationen voneinander zu sammeln. Hunde beschnüffeln sich gegenseitig am Hintern; warum tun wir das nicht?

Erscheint dir all dies eklig, so bedenke, dass 80% der Jäger und Sammler es für widerlich erachten, sich gegenseitig den Innenraum des Mundraums auszulecken. Aus dem Blickwinkel betrachtet, innerhalb einer bestimmten Kultur aufgewachsen zu sein, erscheint es logisch, das eigene Verhalten für normal zu erachten und alles Abweichende für abartig.

Eine kürzlich erhobene Studie von 168 Kulturen fand heraus, dass der Kuss auf die Lippen weder natürlich noch unvermeidlich ist. Es handelt sich hierbei um ein erlerntes Verhalten welches lediglich unter bestimmten sozialen Umständen entsteht.

Doch welche Umstände sind hierzu notwendig?

Die Debatte hierzu ist noch nicht abgeschlossen, aber es gibt reichhaltige Hinweise darauf, dass es die Frauen gewesen sind, welche das Küssen von etwas Abstoßenden zu einem begehrenswerten Akt gemacht haben. Hieraus ergibt sich die Annahme, dass das Küssen zur Beurteilung der Eignung des sexuellen Partners von mehr Bedeutung für die Frau als den Mann ist.

Wie küsst man richtig?

Frischer Atem

Es ist selbstverständlich klar, dass du während eines tiefen Blicks in die Augen deines Gegenübers nicht den Geruch von Kaffee oder Knoblauch wahrnehmen möchtest. Voraussicht ist somit besser und das Mitnehmen von Tic Tac oder Kaugummi der Schlüssel, um auf den möglichen Kuss vorbereitet zu sein.

Das richtige Timing

Egal ob am Ende der ersten Verabredung oder nach einigen Folgeverabredungen, du musst die Zeichen und Körpersprache deines Gegenübers richtig deuten, um zu wissen, wann der richtige Zeitpunkt für den ersten Kuss ist.

Versuche nicht auf „Teufel komm raus“ am Ende der Verabredung einen Kuss zu erzwingen, wenn es sich doch nicht richtig anfühlt. Ebenso solltest du es nicht so lange heraus zögern, dass deine Verabredung schon zu zweifeln beginnt, ob du überhaupt interessiert bist.

Augenkontakt

Während du dich deinem Gegenüber zum Küssen entgegen beugst, solltest du nicht sprechen, warum also nicht die Augen sprechen lassen?

Auf halbem Wege zum Kuss jedoch, solltest du deine Augen fast schließen, denn es kann verwirrend sein, wenn einer von euch die Augen geöffnet lässt. Kurzfristige Blindheit während dem Küssen intensiviert die Wahrnehmung der anderen Person.

Lebe im Moment

Wie mit allen Dingen, so auch mit der Sinnlichkeit. Willst du dich der anderen Person viel mehr verbunden fühlen?

Dann höre auf ängstlich darüber zu sein und zu grübeln, ob dein Atem frisch ist, was du vor 10 Minuten gesagt hast oder auch ob du ein schlechter Küsser bist.

Vergiss alles andere und genieße den Moment!

Lass dir Zeit

Küssen ist eine Gemeinschaftsaufgabe. Erdrücke die andere Person nicht, indem du zu übereifrig bist (alias: zu heftiger Zungeneinsatz), versuch nicht die Kontrolle an dich zu reißen oder die Führung zu übernehmen. Erfühle euer beider Vorlieben, den bevorzugten Kuss-Stil und lasst euch treiben.

Zügle deine Zunge

Zungeneinsatz kann großartig oder abstoßend sein. Bedenke, es ist ein Kuss, keine Gesichtsreinigung. Niemand wird gerne von einer Zunge attackiert oder hat diese bis zum Anschlag im eigenen Mund. Korrekter Zungeneinsatz hingegen kann einen dahin schmelzen lassen.

Lausche auf die Umgebung

Gleich ob Kerzenlicht, ein Zelt unterm Sternenhimmel, am Meer, oder in einem plötzlichen Regensturm, besondere Umgebungen machen einen Kuss interessant. Gerade da deine Augen während dem Küssen fast immer geschlossen sind, wirst du die Dinge, die um dich herum passieren deutlicher fühlen und wahrnehmen.

Sei spontan

Ein unerwarteter Kuss kann eine wundervolle Überraschung sein. Übergebe ein kleines Geschenk, wenn es am wenigsten erwartet wird.

Kontrollier deinen Speichelfluss

Achte darauf, ebenso wie auf deine Zunge, auch deinen Speichelfluss im Zaum zu halten. Niemand begehrt ein vollgesabbertes Kinn.

Ganzkörpererfahrung

Fixiere dich nicht nur auf das Gesicht deines Gegenübers. Das Berühren des Nackens oder der Wangen, sowie das sich Aneinanderdrücken während des Küssens schafft eine höhere Verbundenheit, zusätzlich zu der Besonderheit des Moments.

Erogene Zonen

Sogar das Einbeziehen der Ohrmuschel und des Halses beim Küssen wirkt erotisierend.

Positives Feedback

Gib der anderen Person ein positives Feedback, um die nervenaufreibende Ungewissheit nach dem Kuss zu vertreiben. Ist dein Gegenüber nicht der beste Küsser, führe ihn vorsichtig in eine andere Richtung, drossel das Tempo und zeige eine andere Technik auf.

Wie küsst man leidenschaftlich?

Gutes Küssen kommt mit der Übung. Ein paar kleine Kniffe und Tipps und du bist im Handumdrehen ein leidenschaftlicher Küsser.

In der Realität hingegen gibt es keine guten oder schlechten Küsser, es gibt nur Küsser, die gut oder nicht gut küssen.

Stelle dir vor du bist ein guter Autofahrer. Unabhängig davon, kannst du dich in einem neuen Auto wirklich auf Anhieb genauso wohlfühlen wie in deinem altbekannten?

Um sich einzugewöhnen, braucht man im Leben immer ein wenig Zeit. Ebenso ist es mit dem leidenschaftlichen Küssen.

Die meisten Leute überstürzen das Küssen, denn so wird es unter anderem in Filmen dargestellt. In romantischen Szenen ist der erste Kuss immer perfekt, romantisch und gefühlvoll. Im wahren Leben hingegen ist es besser auf der sicheren Seite zu bleiben als sich hinterher leid zu tun. Es gibt keine Rückspultaste im wahren Leben.

Die Kunst des Küssens

Das Kuss Dreieck

Ist zwar nicht die beste Kusstechnik, aber eine heiße Abwechslung. Besonders geeignet bei jeder Gesicht zugewandten Stellung.

Beginne damit wie gewohnt den Mund deines Partners zu küssen, von hier aus küsst du dich langsam über seine Wange zum Hals, liebkost diesen mit deinen Lippen und kehrst zum Küssen der Lippen zurück.

Hieraus ergibt sich, dass du deinen Partner an drei verschiedenen Orten küsst, das sogenannte Kuss - Dreieck: Lippen, Wange, Hals. Um den Ablauf angenehm und fließend zu gestalten, wechsel nicht sprunghaft von einem Ort zum nächsten, sondern arbeite dich langsam über viele kleine Küsse voran.

Knabbern

Das Beste, um dein Kussgeschick zu steigern, ist zu wissen, wie du deine Lippen benutzt.

“Sollte ich meine Lippen mehr spitzen?
Was ist die beste Feuchtigkeitscreme für meine Lippen?
Welche Kusstechnik passt am besten zu meiner Lippenform?“

Diese Fragen sind frustrierend und am eigentlichen Inhalt vorbei, Küssen beschränkt sich nicht auf die Lippen allein.

Diese Kusstechnik beinhaltet den Gebrauch deiner Zähne beim Küssen. Es gibt einen richtigen Weg (und definitiv einen falschen) deine Zähne während des Küssens einzusetzen. Der richtige Weg ist selbstverständlich behutsam und feinfühlig, nicht grob, kräftig oder gar brutal. Baue dieses Knabbern an den

Lippen deines Partners in den nächsten Kuss ein.

Hierbei gehst du langsam dazu über, die Lippe deines Partners sanft zwischen deine Zähne zu nehmen und gefühlvoll damit festzuhalten. Dann lässt du sie während du deinen Kopf zurück nimmst langsam zwischen deinen Zähnen herausgleiten. Dies ist sowohl mit der Unter- als auch Oberlippe möglich.

Achte darauf, deinem Partner nicht wehzutun, es geht darum ihm ein neues aufregendes Gefühl während des Kusses zu geben.

Saugen, aber nur ein bisschen

In der vorangegangenen Kusstechnik habe ich dazu aufgefordert, vorsichtig an den Lippen eures Partners zu ziehen und diese langsam zwischen euren Zähnen herausgleiten zu lassen.

Als Abwandlung könnt ihr das gleiche mit euren Lippen machen (ohne den Einsatz der Zähne). Sauge die Lippe deines Partners gefühlvoll zwischen deine Lippen und lasse sie beim Zurückziehen langsam herausgleiten. Aber Vorsicht, mehr Druck erzeugt nicht zwangsläufig mehr Lust. Sanfter Druck ist für gewöhnlich am Besten. Als Variation kannst du auch an der Lippe saugen wie an einem Lutscher. Auch hierbei ist gefühlvoll die Devise.

Handeinsatz

Um den Kuss zu einer besonderen Erfahrung werden zu lassen, zeige Körpereinsatz. Am einfachsten und wirkungsvollsten ist es, deinen Partner während des Küssens mit den Händen zu berühren. Du kannst deinen Partner während des Küssens in den Arm nehmen und an dich drücken.

Oder auch seinen Körper mit deinen Händen entlangfahren und auch schon während des Küssens erkunden. Besonders wirkungsvoll ist es, deine Hände an seinen Nacken, Kopf oder Gesicht zu legen. Du kannst deine Hand sanft durch seine Haare gleiten lassen oder seinen Nacken massieren.
Ebenso kannst du deine Hände benutzen, um seine Kopfhaltung und somit auch den Kuss zu verändern.
Durch den Einsatz deiner Hände wird aus einem simplen Kuss eine besondere Ganzkörpererfahrung.

Das Ohr als erogene Zone

Das menschliche Ohr ist eines der sensibelsten Körperteile und somit wirkt das Küssen der Ohren sehr erregend auf deinen Partner. Das Küssen und knabbern am Ohr ist sehr einfach. Sei leidenschaftlich und einfühlsam, dann ist erlaubt, was gefällt.

Guter Atem ist für jeden Kuss wichtig. Putz dir vor der Verabredung immer die Zähne. Es gibt nichts Schlimmeres als jemanden mit Mundgeruch küssen zu müssen. Habt ihr bei der Verabredung gegessen bevor ihr euch küsst, ist es gut, einen Kaugummi oder ein Tictac nach dem Essen zu dir zu nehmen. Achte jedoch darauf den Mund beim Küssen frei zu haben.

Feuchte Lippen

Am besten ist es beim Küssen leicht feuchte Lippen zu haben. Befeuchte deine Lippen vor dem Kuss mit der Zunge.

Der Einsatz von Lip gloss eignet sich nicht, da es zu klebrig ist. Auch von übermäßig aufgetragen Lippenstift ist abzuraten, sofern du nicht möchtest, dass dein Partner ihn nachher auch trägt.

Leicht feuchte Lippen erleichtern es, deine Lippen auf denen deines Partners zu bewegen und verschaffen ein angenehmes Gefühl beim Küssen.

Stellung zueinander

Steh nah bei deinem Partner. Während ihr euch zum Kuss näher kommt, neige den Kopf entgegengesetzt dem deines Partners leicht zur Seite.

Schließe deine Augen

Kurz bevor ihr euch küsst, schließe die Augen. Manche Paare mögen es, die Augen während des Küssens geöffnet zu behalten, doch bis du die Vorlieben deines Partners kennst, ist es besser, sie geschlossen zu halten.

Offene Lippen

Öffne deine Lippen leicht bevor du sie über die Lippen deines Partners legst. Halte nicht die Luft an. Atme durch die Nase. Wenn eure Lippen sich berühren, drücke sie sanft gegen die deines Partners. Du kannst sie nun langsam, kreisförmig auf den Lippen deines Partners bewegen oder auch einfach ruhig gegen dessen Lippen drücken.

Geschlossene Lippen

Dies entspricht mehr dem Kuss, den du deiner Oma oder Tante gibst. Anstelle des Munds zum Kuss zu öffnen, spitze die Lippen leicht und lass sie geschlossen. Auf diese Art und Weise kannst du deinem Gegenüber auch einfach verdeutlichen, dass es für dich hier nicht weitergeht. Auch eignet sich diese Technik sehr gut als Begrüßungs- oder Abschiedsküsschen, sowie auch als erster Kuss bei einer Verabredung.

Vorspiel: Reize ihn mit sanftem Knabbern

Ebenso wie sich ein Sportler zu Beginn aufwärmen muss, benötigen wir ein vergleichbares Vorspiel, um auf Touren zu kommen.

"Du willst beim Küssen nicht zu schnell machen, da du seine Erregung sonst zu stark beschleunigen könntest", sagt Bloom.

Halte ihn stattdessen auf einem leichten Erregungslevel und steigere dieses dann langsam. Je langsamer der Aufbau, desto intensiver die darauf folgenden Explosion.

Gib ihm kleine Küsse überall auf sein Gesicht, außer auf den Mund. Sobald sein Verlangen steigt, berühre seine Lippen vorsichtig mit deiner Zungenspitze. Er wird versuchen dich zu küssen, lasse dies noch nicht zu.

Beginne dann nach einer Weile ihn mit offenem Mund zu küssen, jedoch ohne Zungeneinsatz. Wenn er versucht dich mit Zunge zu küssen, ziehe dich kurz zurück, bevor du wieder anfängst, ihn zu reizen. Der Trick ist Begierde zu wecken, ohne genau das Gewünschte zu geben.

Ergänze dein Spiel ab und an mit einem Mix aus sanftem Saugen und leichtem Knabbern an seinen Lippen. Es wird sich so gut anfühlen, dass er mit Sicherheit das gleiche erwidert.

Während des Akts: Lass es überkochen

Seid ihr beide einmal ordentlich heiß, reicht schüchterne Sanftheit nicht mehr aus. Dies ist der Zeitpunkt den Mund des jeweils anderen mit der Zunge einzunehmen.

“Leidenschaftliches Küssen steigert den Blutdruck und veranlasst dein Herz schneller zu schlagen, erregt dich zusätzlich und erleichtert es somit zu Orgasmen zu kommen”, sagt die zertifizierte Sexologin AvaCadell, Ph.D.

So heizt du deinen Partner richtig ein:

Lasse ihn ohne weitere Erklärung auf einem Stuhl Platz nehmen. Drücke ihn dann so weit nach hinten, dass ihr euch in die Augen sehen könnt. Während er sich aufs Stoßen konzentriert, nimm seine Zunge in deinen Mund und sauge im Rhythmus seiner Hüftbewegung an ihr.

Variiere die Intensität und Tiefe der Zungenküsse während du auf deinem Liebhaber liegst. Küsse ihn lange und intensive bevor du deinen Mund plötzlich schwer gegen ihn drückst als wolltest du ihn verschlingen, um daraufhin wieder zu den gefühlvollen Zungenküsse zurück zu kehren. Variiere hierbei so geschickt, dass dein Partner nicht weiß, was ihn erwartet.

Nicht zu wissen was als nächstes kommt, kann die Erregung ungemein steigern.

Lass ihn durch den Wechsel deiner Bewegungen wissen, wenn deine Erregung sich steigert. Jetzt versuch etwas noch Erotischeres:
Trenne deinen Lippen zeitweise von den seinen und lass deine Zunge um die seine rotieren als würdest du ein Eis lecken. Er wird es lieben, dass du die Kontrolle übernimmst.

Der Höhepunkt: Lass dich gehen!

Kurz bevor du so weit bist zu kommen, lasse dich nur noch von deinen Gefühlen leiten und erlaube es der Ektase die Oberhand zu übernehmen.

„Sich im Moment des Höhepunkts zu küssen, kann zu einem noch stärkeren, intensiveren Orgasmus führen – du erlebst Geschmacks-, Geruchs- und Tastsinn gleichzeitig und gleichförmig“, sagt Bloom.

„Es folgt eine sexuelle Explosion.“

Sauge kurz vor dem Höhepunkt sanft am Hals deines Partners. Der Druck deiner Lippen an seiner Haut wird die Zunahme deiner Erregung ihn verdeutlicht spüren lassen und deine eigene Lust nach Erlösung steigern.

Lass deine Zunge über seinen Gaumen gleiten. Dieser Bereich erfährt für gewöhnlich keine Beachtung, je ungewöhnlicher die Empfindung ist, desto besonderer das daraus resultierende Erlebnis.

Zeige deinem Partner über kleine Bisse an Schultern und Rücken wie sehr du dich nach ihm verzehrst. Beiße ihn zärtlich, um gleich darauf die Stelle mit deiner Zunge sanft zu liebkosen.

Befindet ihr euch in einander zugewandter Stellung, küsst euch leidenschaftlich während des Höhepunkts, um diesen zu maximieren.

Nachspiel:

Sei nach dem Orgasmus darauf vorbereitet, dass das Feuer des Mannes sehr schnell erlischt und er in den Schlafmodus übergehen möchte – hierfür sind chemische Vorgänge in seinem Körper verantwortlich. Genieße die ruhige Zweisamkeit und Nähe nach dem Sex.

Ist seine Energie erschöpft, aber du hast weiterhin das Bedürfnis danach Zärtlichkeit auszutauschen, verteile sanfte Küsse auf seinem gesamten Körper, ohne dabei den Druck einer Erwiderung seinerseits aufzubauen.

Lege dich in Löffelchen-Stellung hinter ihn und küsse sanft seinen Nacken oder streiche durch sein Haar. In dieser Stellung kann er entspannen und du weiterhin seine Nähe genießen.

Wenn dich schlussendlich auch die Müdigkeit

überkommt, schließe den Abend der Ektase mit einem kleinen Küsschen ab.

Kapitel 3:

10 Tipps zum leidenschaftlichen und romantischen Kuss

Gleich ob es sich um den ersten Kuss oder einen der ersten Küsse handelt, die du mit deinem neuen Partner austauschst, es ist immer besser, sich Zeit zu lassen.

Fühlt euch wohl, lernt voneinander und lasst es langsam angehen.

Berücksichtige diese 10 Tipps zum Küssen und du wirst zweifellos ein gefühlvoller Küsser werden noch bevor du diesen Ratgeber zu Ende gelesen hast.

#1 Lass dir Zeit

Überstürz den Kuss nicht. Mach langsam, selbst wenn du mit einem Kuss auf die Lippen beginnst, konzentriert dich nicht nur auf den Mund.

Führe deine Lippen, nach ein paar anfänglichen Küssen auf den Mund deines Partners, langsam zum Nacken oder Kinn.

Atme deines Partners Haut und erlebe eine romantische und sinnliche Erfahrung. Werdet langsam warm auf dem Weg zum richtigen Kuss und lasst euch Zeit dabei.

#2 Verweilen zwischen den Küssen

Wenn ihr beginnt euch zu küssen, küsst euch für einige Sekunden ohne direkt den Einlass nach innen zu fordern. Es ist nicht wichtig, wie lange der Kuss dauert, solange du dich dabei wohl fühlst.

Schiebe deine Zunge nicht sofort zwischen die Lippen deines Partners. Genieß es, dir Zeit zu lassen und zu erforschen, wie weit du gehen kannst.

Achte ständig darauf, dass dein Partner den Kuss erwidert, bevor du weiter gehst. Nimm dir zwischen den Küssen Zeit, deine Lippen von denen deines Liebhabers zu trennen, aber bleib nahe, fast so nahe, dass sich eure Lippen wieder berühren.

#3 Berührt eure Gesichter

Ein leidenschaftlicher Kuss beinhaltet mehr als nur den Kuss selbst. Optional kannst du deines Partners Gesicht und Schultern mit deinen Händen berühren oder auch eure Finger miteinander verschränken. Alles ist erlaubt, solange es behutsam ist.

#4 Lass dich nicht ablenken

Wenn du jemanden wirklich leidenschaftlich erregen willst, darfst du dich nicht von anderen Dingen ablenken lassen. Schließe einfach die Augen und genieße das Gefühl und den Moment. Wenn du abgelenkt bist, wird dein Partner die weniger innige Verbindung spüren und bleibt mit einem unangenehmen Gefühl zurück.

#5 Leidenschaft beschränkt sich nicht nur auf die Lippen

Wie du küsst macht die Leidenschaft des Kusses aus. Zusätzlich zum Küssen der Lippen deines Partners solltest du auch dessen Ohren, Kinn, den Bereich um die Lippen und sogar dessen Nacken mit deinen Lippen liebkosen.

#6 Sei hin und wieder aggressiv

Was wäre die Leidenschaft ohne den Einsatz sanfter Dominanz. Nachdem du deinen Partner für einige Minuten geküsst hast oder auch nur nach wenigen Sekunden, drücke das Gesicht deines Partners mit den Lippen von dir weg oder ziehe dessen Kopf sanft an den Haaren zurück.

Auf diese Weise erhält der romantische Kuss eine deutlich leidenschaftliche und besondere Note.
Doch wie stark die hieraus resultierende Erregung auch sein sollte, kehre wieder zum sanften, liebevollen

Küssen zurück. Die unterschiedliche Intensität des Kusses wird euer Verlangen nacheinander und somit die Erregung steigern.

#7 Benutzer deine Hände

Bewegt eure Hände entlang des Rückens eures Partners und sofern sich dein Partner damit wohl fühlt, auch dessen Vorderseite. Sanfte Berührungen haben immer eine erotisierende Note.

#8 Feucht nicht nass

Feuchte Küsse sind extrem leidenschaftlich, doch die Grenze von feucht zu nass ist sehr klein und sollte auf keinen Fall überschritten werden. Während gute Küsse erotisierend wirken, sind zu nasse Küsse ein absoluter Abturner. Nach dem Kuss solltet ihr leicht feuchte Lippen haben und kein nasses Gefühl um den Mund.

Küsse deinen Handrücken für einige Sekunden, um deinen Kuss zu testen. Ist dein Handrücken danach feucht?
Wenn du eine runde, nasse Stelle siehst, hast du es übertrieben. Ist dein Handrücken trocken war es nicht genügend. Beim perfekt ausgeführten, feuchten Kuss bleibt eine hauchdünne, feucht glänzende Schicht auf deinem Handrücken zurück, die binnen Sekunden von selbst trocknet.

Einmal vertraut mit dieser Art zu küssen weißt du genau, wie weit du deine Lippen beim Kuss öffnen musst, um deinem Kuss die perfekte feuchte Note zu verleihen. Benutze diese Technik auch wenn du deinen Partner am Hals oder anderswo küsst und er erfährt ein wunderbar sexy, erfrischendes Gefühl, das Leidenschaft weckt.

#9Verletzt euch nicht

Beiße deinen Partner nicht übertrieben und verpasse ihm keine Knutschflecken, solange er es nicht ausdrücklich fordert. Es ist einfach, sich in der Leidenschaft zu verlieren, doch gewisse Grenzen dürfen nicht überschritten werden, wenn du deinem Partner nicht wehtun und ihm kein unangenehmes Gefühl vermitteln möchtest.

#10 Reiße die Kontrolle nicht an dich

Sei im Gebrauch deiner Zunge und deiner Hände immer sanft, es sei denn dein Partner mag etwas mehr Härte und ermutigt dich dazu.

Lasst euch in einer neuen Beziehung Zeit zu entdecken, was dem anderen gefällt und lernt voneinander. Lass deinen Partner für einige Minuten beim Küssen die Führung übernehmen, bevor du sie wieder übernimmst.

Auf diese Art und Weise lernt ihr des anderen Kussstils kennen und findet heraus, was eurem Partner gefällt. Ein verwirrender Reinfall kann so vermieden werden.

Küsse auch hier!

Diese sensiblen Zonen verdienen es, geküsst zu werden.

Ohren

Er wird sicherlich eine Gänsehaut am Nacken bekommen wenn du spielerisch seine Ohrmuschel mit der Zunge erkundest. Folge daraufhin der Außenlinie seiner Ohren mit deiner Zungenspitze. Als Bonus kannst du ihm hierbei all die unanständigen Sachen ins Ohr flüstern, die du mit ihm machen wirst.

Finger

Nehme seinen Zeigefinger in den Mund und sauge auf die gleiche Weise wie du es mit seinem besten Stück tun würdest. Bewege deinen Mund über dessen gesamte Länge in langsamer, fließender Bewegung und beobachte wie er seine Augen genießerisch verdreht.

Brust

Die Brust eines Mannes kann genauso empfindlich sein wie die weiblichen Brüste. Leider wird dies viel zu häufig vergessen. Sende Zuckungen durch seinen Körper, indem du um seine Brustwarzen herum leckst, diese anschließend trocken pustest und dann an seinen Nippeln saugst.

Tipps für den perfekten Kuss

Nimm während er unter dir liegt, einen seiner Arme, führe ihn über seinen Kopf und halte seine Hand mit leichtem Druck dort. Beginne nun damit sanft die Innenseite seines Oberarms, vom Ellbogen abwärts bis zur Brust, zu küssen. Zur Abwechslung kannst du deine Zungenspitze auch entlang eines Zick-Zack-Pfades seinen Arm hinunter wandern lassen. Dies macht meinen Mann absolut verrückt!

Küsse ihn sanft nahe des Schlüsselbeins, von hier aus lässt du deine Zunge in einem Zickzack zu seinem Ohr hinauf wandern und knabberst sanft an diesem.

Der Hals ist Dreh- und Angelpunkt. Küsse deinen Partner sanft am Hals, Wange und Kiefer und komme dabei immer näher an den Mund heran. Wenn du endlich die Lippen erreichst, wird er wie ausgehungert nach deinem Kuss sein.

Wenn du nah bei deinem Geliebten sitzt, beginne damit, sanft sein Gesicht zu streicheln, bewege deine Hand langsam zu seinem Mund und streiche mit einem Finger sanft über seine Unterlippe.
Wenn du den Eindruck hast, dass er es mag, lege die Spitze dieses Fingers in seinen Mund. Es kann sein, dass er dann beginnt an diesem Finger zu saugen und lecken – der perfekte Start für einen berauschenden Zungenkuss!

Auch der Geschmack eines guten Weins oder Champagners kann prickelnde Erotik vermitteln. Tauche einen Finger in das Getränk während ihr küsst, führe den befeuchteten Finger zum Mund, dann leckt die Flüssigkeit langsam und genüsslich ab. Lasst euch Zeit. Küssen kann sehr exotisch sein.

Spielt ein kleines Spiel dessen Ziel es ist, deinen Partner dazu zu bringen, dich küssen zu wollen. Dies kann sein seinen / ihren Hals zart zu küssen, sanft ins Ohr zu atmen, die Wangen zu küssen oder sanfte Küsse auf die Lippen zu hauchen.

Wer es am längsten aushält, gewinnt!

Besonders wirksam ist es hierbei, kleine Unanständigkeiten ins Ohr zu flüstern. Lass dabei deinen Partner den Hauch deines Atems am Ohr spüren und beginne dann zärtlich an diesem zu lecken und zu knabbern. Arbeite dich von hier aus langsam den Hals entlang und komme dann zurück zum Mund deines Partners.

Versuche während des Küssens die Oberlippe deines Partners zwischen deine Lippen zu nehmen und sauge leicht daran, bevor du sie wieder frei gibst. Streiche während des Küssens sanft mit den Fingerspitzen über ihren / seinen Nacken.

Denke an die Körperbereiche deines Geliebten, die du besonders begehrst, küsse diese und flüsterte ihm/ihr zu, warum du gerade diesen Bereich besonders gerne magst. Verteile auf diese Art und Weise 1000 kleine Küsse und süße Worte entlang des ganzen Körpers.

Fazit

Gemäß einer Studie der 'Oxford University' ist Küssen aus verschiedenen Gründen ein wichtiger Bestandteil einer Sexualbeziehung:

Zunächst dient es der Partnerbeurteilung, im Folgenden dem Zweck der Erregung vor und beim Sex, sowie auch um Nähe in einer Beziehung zu schaffen und bewahren.

Dieselbe Studie gibt an, dass die anfängliche, instinktive Anziehung zu einer Person auf optischem Reize beruht. Um herauszufinden, ob es sich lohnt diese Person näher kennenzulernen, mag es entscheidend sein, diese zu küssen. Das Küssen kann Bestandteil des Flirtens sein und in dieser Phase als Indikator der Partnerbeurteilung dienen.

Ein Kuss basiert auf dem Austausch vielfältiger visueller, fühlbarer und chemischer Reize. Hierbei werden

Hinweise zur allgemeinen Gesundheit sowie genetischer Kompatibilität im Sinne der Fortpflanzung übertragen.

Mundgeruch kann ein Hinweis auf schlechte Abwehrkräfte gegenüber Krankheitserregern sein. Fühlst du dich nach einem Kuss nicht mehr zu deinem Gegenüber hingezogen oder gar abgestoßen, ist es möglich, dass du unterbewusst Hinweise aufgenommen hast, die auf eine genetische Inkompatibilitäten verweisen. Befindet sich der weibliche Zyklus gerade in einem Stadium der Fruchtbarkeit will Frau unbewusst diese Gene nicht für ihre Nachkommen.

In bestimmten Phasen des weiblichen Zyklus wird dem Küssen besondere Wichtigkeit zuteil. In einer Studie zeigte sich, dass Frauen gerade während der späten Eisprungphase das Küssen besonders wertschätzen. Während dieses Zeitpunkts der Fruchtbarkeit erhält die Suche nach einem geeigneten Partner Vorrang. Als wichtigstes Kriterium hierbei wird die Fitness gesehen, welche auf gute gesundheitliche Qualität schließen lässt.

Küssen ist mitverantwortlich für das Erleben einer besseren sexuellen Befriedigung. Das Aufeinandertreffen der Lippen, verbunden mit dem Austausch von Speichel, ermöglicht es, einen Erregungszustand zu erreichen, welcher das sexuelle Erlebnis für die meisten Menschen verbessert.

Innerhalb einer bereits bestehenden Beziehung wird das Küssen dazu genutzt, Zuneigung und Verbundenheit zueinander zu zeigen. Zusätzlich dient das Küssen als ein Mittel der Versöhnung. Je mehr geknutscht wird, desto besser ist die Beziehung.

Schlussfolgernd ist das Küssen ein instinktives Verhalten, für das es wichtige Gründe gibt:

- Es überprüft die Eignung des Partners
- Erschafft Erotik
- Festigt intime Beziehungen.

Also los geht's, worauf wartest du?

1. Auflage

Kontakt: Michael Stoiber / Otterbachstr. 33 / 85301 Schweitenkirchen

Fotos: depositphotos.com

Die Wiedergabe von Gebrauchsnamen, Handelsnamen, Warenbezeichnungen usw. in diesem Werk berechtigt auch ohne besondere Kennzeichnung nicht zu der Annahme, dass solche Namen im Sinne der Warenzeichen- und Markenschutz-Gesetzgebung als frei zu betrachten wären und daher von jedermann benutzt werden dürfen.

Der Autor übernimmt keinerlei Gewähr für die Aktualität, Korrektheit, Vollständigkeit oder Qualität der bereitgestellten Informationen und weiteren Informationen.

Haftungsansprüche gegen den Autor, welche sich auf Schäden materieller oder ideeller Art beziehen, die durch die Nutzung oder Nichtnutzung der dargebotenen Informationen bzw. durch die Nutzung fehlerhafter und unvollständiger Informationen verursacht wurden, sind grundsätzlich ausgeschlossen.

Printed in Germany
by Amazon Distribution
GmbH, Leipzig

18182726R00057